자이드와 밀리하,
부디 너희의 신념이 두려움보다 더 큰 것이기를.
-**이브티하즈 무하마드**

라히마 야즈다니를 그리며.
-**S. K. 알리**

사랑하는 나의 어머니, 사미아 압델 모흐센에게.
-**하템 알리**

이브티하즈 무하마드 · S. K. 알리 글 | 하템 알리 그림 | 신형건 옮김

보물창고

엄마는 분홍색을 내밀어요. 엄마는 분홍색을 좋아하죠.
그러나 아시야 언니는 고개를 저어요.
난 그 까닭을 알아요.

카운터 뒤쪽에 아주 산뜻한 파란색이 있거든요.
눈을 가늘게 뜨고 보면
하늘과 바다 사이의
수평선이 가물가물한 것 같은,
바로 그런 바다 색깔
말이에요.

이제 곧 히잡을 처음 쓰는 날이 다가와요.
아시야 언니도, 나도 알고 있지요.

우리는 자매거든요.

다음 날, 나는 기다려요.
새 가방을 메고, 반짝이는 새 신발을 신고서.
아주 특별한 느낌이에요. 빙글빙글 도는 기분이에요.

아시야 언니가 집에서 나와요.
나는 가만히 멈추어요.

학교에 처음 가는 날 중에서 가장 아름다운 날이에요.

나는 공주와 함께 걷고 있어요.
나 또한 공주인 척하고 싶어요.
하지만 길을 건너기 전엔 공주들도 잠깐 멈추어야 하죠.

"파이자, 어서 와."
아시야 언니는 내 손을 잡아끌어요. 우리는 걸음을 재촉해요.
길을 건너는 동안 마흔 번 불이 깜박이고, 마흔 걸음을 내디뎌요.

아시야 언니는 내 줄 앞에 날 데려다 놓고,
안아 주며 작별 인사를 해요.
나는 언니가 6학년들이 있는 쪽으로 가는 걸 바라보곤
공주에게 살짝 절하며 예의를 표시하죠.
언니는 눈에 확 띄어요.
언니의 히잡은 줄곧 나에게 미소를 보내요.

내가 히잡을 처음 쓸 그날도 아마 파란색일 거예요.

"너희 언니 머리에 쓴 게 뭐야?"
내 앞에 선 애가 속삭여요.

"스카프야."
나도 속삭여요.

왜 속삭이듯 말했는지 나도 잘 모르겠어요.

"저 스카프 말이야, 히잡이야."
나는 좀 더 큰 소리로 다시 말해요.

"오, 그래."
그 애는 다시 속삭여요.

아시야 언니의 히잡은 속삭일 거리가 아니에요.
언니의 히잡은 햇빛 눈부신 날의 하늘 같아요.
하늘도 속삭일 거리가 아니잖아요.
하늘은 늘 특별하면서도 평범하게 거기 있잖아요.

히잡을 처음 쓰는 날은 아주 중요하다고
엄마가 말했어요.
그건 강해진다는 뜻을 갖고 있대요.

내가 고개를 돌려 보았지만 더는 파란색이 안 보여요.
나는 고학년생들이 있는 쪽으로 달려가요.
아시야 언니를 보러 스물일곱 걸음을 옮겨요.

나는 언니를 한 번 더 안아 주고 싶어요.
나는 언니의 미소를 보고 싶어요.

"파이자, 왜?"
아시야 언니는 내가 왜 여기 왔는지 몰라 눈이 동그래져요.

"언니, 히잡을 처음 쓰는 날이라 설레고 기쁘지?"
나는 물어요.

언니가 환하게 웃으며 고개를 끄덕이자, 난 기분이 좋아져요.

누군가 근처에서 웃는 소리가 들려요.
한 남자애가 아시야 언니를 손끝으로 가리키고 있어요.

왜 그러지?

아시야 언니의 히잡은 웃음거리가 아니에요.
언니의 히잡은 바다가 하늘을 향해 물결치는 것과 같아요.
다정하고 강하게 내내 거기 있을 뿐이에요.

어떤 사람들은 히잡을 잘 이해하지 못할 거라고, 엄마가 말했어요.
우리가 누구인지 스스로 알고 있으면, 언젠가는 그들도 알게 될 거래요.

공부 시간에, 난 그림을 그려요.
히잡을 쓴 두 공주가
하늘과 바다가 만나는 곳에 있는 섬으로
소풍을 간 장면이에요.

아까 줄을 섰을 때 나에게 속삭이던 애가 내 그림이 멋지대요.
그 애가 큰 소리로 말하는 바람에
선생님도 그림을 보러 왔어요.

아시야 언니도 나처럼 그림을 그렸는지 궁금해요.

노는 시간에 난 공중제비를 연달아 다섯 번 돌아요.
6학년생들 근처에서 나는
마지막 돌기를 마쳐요.
때마침 아시야 언니와 친구들이 가까이 있어요.

한 남자애가 외치고 있어요.
"네 머리에 뒤집어쓴 그 테이블보를 확 벗겨 버릴까!"

아시야 언니의 히잡은 테이블보가 아니에요.
언니의 히잡은 파랑이에요.

오직 파랑일 뿐이에요.

아시야 언니는 그 자리를 피해요. 친구들이 따라가요.
술래잡기를 하는 그들은 신발을 쿵쿵거리며
운동장 한가운데까지 가고 있어요.

혹시 다른 사람들이 마음 아픈 말을 하더라도
개의치 말라고, 엄마는 말했어요.
우리 마음에 담아 둘 말이 아니래요.

그런 말들은 그 말을 한 사람들 몫일 뿐이래요.

마흔여덟 걸음이면, 야유를 하는 남자애로부터 가뿐히 벗어나요.

방과 후에 나는 둘레를 둘러보아요.
수군거리거나 비웃거나 야유를 하는 이들이 있는지.

하지만 날 기다리는 아시야 언니만
있을 뿐이에요.
보통의 날과 똑같아요.

언니는 미소 짓고 있어요.
강한 모습으로.

우리는 손에 손잡고 길을 건너요.

나는 얼른 집에 가고 싶어요.
내가 그린 그림을 엄마에게 보여 주려고요.

아시야 언니에게도 내가 똑같은 히잡을 쓰고 있는 모습을
보여 주려고요.

아시야 언니의 히잡은
일렁이는 큰 물결로 "안녕!" 인사하며
아무런 경계도 없이 서로 만나는
바다와 하늘 같기 때문이에요.

"자매처럼 우리는
늘 여기 있을게."라고 말하는 것 같아요.
아시야 언니와 나처럼.

이브티하즈의 자매들, 아시야(왼쪽)와 파이자

독자 여러분,

나는 열두 살 때 사춘기를 맞은 뒤부터 매일 히잡을 쓰기 시작했어요. 그 전에, 엄마는 나에게 특별한 날에만 히잡을 쓰게 하셨고, 체육관 스케줄이 없는 날엔 학교에 가게 하셨지요. 일주일에 몇 번쯤 내가 히잡 쓴 모습을 친구들과 선생님들께 보인 건 히잡을 매일 쓰는 것으로 좀 더 쉽게 전환할 수 있도록 해 주었답니다. 내가 정신적으로나 물리적으로 내 머리를 감싸는 준비를 하도록 부모님이 훌륭한 역할을 해 주셨음에도 불구하고, 내 신념을 드러내는 그 방식 때문에 나는 친구들에게 따돌림을 당할 수밖에 없었어요. 나는 중학교 때 어떤 남자애가 "왜 그 테이블보를 머리에 뒤집어썼니?"라고 물었던 걸 똑똑히 기억합니다.

바로 그즈음, 내 신념이 사람들이 나를 대하는 방식을 바꿀 힘을 지니고 있다는 것과 내가 또 다른 형태의 '왕따'가 될지도 모른다는 점을 깨달았어요. 오로지 히잡 때문에 말이에요. 여러분은 단순한 머리 스카프가 어떻게 그런 소동까지 일으키겠느냐고 생각할지도 몰라요. 하지만 내가 아이였을 때부터 청소년기와 성인이 된 뒤까지도 정말 그랬답니다. 내 외양을 신경 쓰지 않고 날 싫어하는 사람들을 무시할 수 있는 그 지점에 도달하기까지 아주 오랜 시간이 걸렸지요. 정말 쉽지 않았어요. 그리고 오늘날의 소녀들도 내가 직면했던 것과 똑같거나 오히려 더 나쁜 대접을 받는다고 확신합니다.

나는 나와 같은 처지의 어린이들이 가족과 사랑과 신념에 대한 이야기를 담은 이 그림책에서 자신을 발견하기를 바랍니다. 이 책에서 여러분은 히잡을 쓰고 자긍심을 가지는 자매를 만날 수 있으며, 우리를 '달리' 보이게 만드는 부분들이 실은 축복받을 만한 가치가 있다는 것을 알게 될 것입니다. 유색 인종이든 무슬림이든, 혹은 나처럼 둘 다일지라도 어린이들은 결코 혼자가 아니며 세상에는 우리의 경험을 공유하는 사람들이 많답니다.

결국 나는 이것을 큰 소리로 자랑스럽게 말하고 싶었던 거예요. 히잡은 나의 한부분이며 내 신념과 알라신의 사랑에 대한 시험이기도 합니다. 우리 어머니와 자매들이 매우 열심히 공유하는 전통이기도 하고요. 나의 히잡은 아름답습니다. 히잡을 쓰고 이 이야기를 읽는 세상의 어린 소녀들아, 너희들도 마찬가지란다. —이브티하즈 무하마드

이브티하즈 무하마드와 함께 『히잡을 처음 쓰는 날』을 만드는 작업은 나에게 꿈을 이루는 일이었어요. 나는 이 책이 히잡을 궁금해하는 사람들뿐 아니라, 우리 모두가 두려움과 슬픔의 시기에 가닿을 수 있는 우리 안의 열정과 사랑을 증언하는 역할을 했으면 하는 희망을 품고 있었거든요. 무슬림으로서 나는, 이 사랑은 신이 우리가 온갖 고난을 헤쳐 나가도록 하기 위해 거기에 두셨다고 믿어요.

여러분은 수군거림과 비웃음과 마음 아픈 말들, 그 너머에 있어요. 여러분은 소중하고 사랑받는 존재예요. 반짝반짝 빛나는 신발을 신고 공중제비를 돌아 보세요. 그리고 만일 여러분이 자랑스러운 빛깔을 걸치고 그걸 한다면 한층 더 아름다울 거예요. —S. K. 알리

*　*　*

이브티하즈 무하마드 1985년 미국의 이슬람계 이민 가정에서 태어나 13세부터 펜싱을 했고, 2016년 리우올림픽에 미국 국가대표 사상 최초로 히잡을 쓴 채 출전하여 여자 펜싱 사브르 단체전 동메달을 땄다. 사회운동가·강연자·기업가로 열심히 활동하고 있고, 자서전 『자랑스러운』을 펴냈으며, 완구업체 '마텔'에선 그녀를 모델로 히잡을 쓴 바비인형을 출시했다.

S. K. 알리 캐나다 토론토에 교사로 일하고 있으며, 무슬림 문화와 삶에 대한 글을 쓰는 작가이다. 그림책 『히잡을 처음 쓰는 날』의 자매처럼 언니와 함께 매년 개학 전날까지 가장 자랑스러운 색깔의 히잡을 찾아 선택하곤 했다.

하템 알리 이집트 태생의 일러스트레이터로 전 세계적으로 여러 출판물과 TV에 많은 작품이 소개되었으며, '뉴베리 상' 수상작 『심문관 이야기』와 동화 〈야스민〉 시리즈에 그림을 그렸다.

신형건 1984년 새벗문학상으로 등단했고, 대한민국문학상·윤석중문학상 등을 수상했으며, 초·중학교 〈국어〉 교과서에 9편의 시가 실렸다. 지은 책으로 동시집 『거인들이 사는 나라』, 옮긴 책으로 『사랑해 사랑해 사랑해』, 『친구를 모두 잃어버리는 방법』 등이 있다.